跟着诗词去旅行

月落乌啼霜满天，江枫渔火对愁眠。

江南烟雨

白鳍豚文化 著

中国致公出版社　知音动漫

◆ 诗词通关宝典 ◆

如果你喜爱诗词，书里有200多首经典诗词等你吟诵，更有沁人心脾的美文带你邂逅诗词之美。

◆ 旅行研学攻略 ◆

想来一场说走就走的旅行？没问题，88个城市攻略，从长江到黄河，从高原到海岛，定制研学目标和路线，让你在行走中增长见识。

◆ 趣味知识百科 ◆

天下第一行书是什么？《西游记》中的唐僧真有其人吗？趣味知识，名人故事，科学现象……让你变身知识达人！

本书的 多样玩法

还能当做一本作文素材书，旅行打卡清单……
更多功能等你解锁！

使用说明

1. 用微信扫描二维码，关注公众号。
2. 后台回复城市名，如回复"北京"，即可获得音频。

★ 公众号后台回复**城市名**，获取音频答案

南京：你知道抗战时期南京发生了哪些大事件吗？

苏州：留园"又一村"的名字出自哪首诗呢？

扬州：京杭大运河连通了哪几条大河？

镇江：镇江三怪是怎么回事？

杭州：讲一讲白素贞和许仙的故事。

绍兴：天下第一行书是什么？

南昌：初唐四杰是哪四位？

九江：朱熹总结出的六条读书方法是什么？

上饶：你知道"晒秋"是怎么晒的吗？

宣城：钟乳石是怎么形成的？

池州：山脚的树跟山顶的树有什么不一样？

芜湖：你知道干将的故事吗？

黄山：徽派建筑有什么特点呢？

福州：福州为什么又叫"榕城"呢？

台北：台湾为什么多火山、地震？

三亚：热带是以什么标准划分的？

合肥：合肥曾发生过什么三国故事？

厦门：厦门有哪些值得逛的景点？

上海：为什么说"百年中国看上海"？

宁波：你听说过著名的天一阁吗？

嘉兴：嘉兴有哪些水乡古镇？

武夷山：你知道武夷山是怎么得名的吗？

诗词美文

东晋时,南京秦淮河畔的乌衣巷中聚集了许多世家大族,热闹非凡,唐朝以后却不再繁华。刘禹锡途经南京,来乌衣巷凭吊,看到这里野草丛生,荒凉残照,他不由得感慨沧海桑田,人生多变。

乌衣巷

唐·刘禹锡

朱雀桥边野草花,乌衣巷口夕阳斜。
旧时王谢堂前燕,飞入寻常百姓家。

【注释】

1. 花:开花。
2. 斜:统读(xié)。
3. 王谢:东晋王、谢两个世家大族。

秦淮河畔、朱雀桥边坐落着乌衣巷。三国东吴时期身着黑衣的禁卫军驻扎于此，这才有了"乌衣巷"的由来。东晋王、谢两族聚居于此，人流如潮、笙歌如沸，好不热闹！

我来此地凭吊，却看见曾经车水马龙、人潮涌动的朱雀桥，如今只有野花野草，在风雨飘零中，诉说着内心的孤寂和惆怅。残阳夕照斜斜地刻在巷口的石板路上，更显得凄凉寂寥。

遥想当年，王、谢两大豪门大族，盛名在外，多少文人墨客络绎不绝，引得无数飞燕栖息于此、繁衍生息。如今时代变迁，燕子来往的王、谢世族的旧宅，已经成为寻常民居。

哎！富贵兴盛难再续，煊赫贵族如云烟。历史兴亡，世事变迁，真是令人唏嘘不已！

研学攻略

研学目标： 体验南京悠久的历史和多样文化，感受时光的浩瀚。

紫金山 — 秦淮河风光带 — 明故宫 — 侵华日军南京大屠杀遇难同胞纪念馆

① 登紫金山

> 你知道孙中山的哪些故事？

在紫金山上漫步，游览明孝陵和民主革命先驱——孙中山先生的陵寝中山陵，领略伟人的风采。登"中国现代天文学摇篮"——紫金山天文台，感受宇宙浩瀚，俯仰天地之大。

② 游览秦淮河，参观夫子庙

> 夫子庙的"夫子"是谁？

在秦淮河上的桨声灯影里，许多诗人留下名篇。古老的夫子庙、乌衣巷和江南贡院，都是忆古思今的好去处。

3 走进明故宫

南京故宫中轴对称、规模宏大，一砖一瓦都体现出皇宫严谨的布局，北京故宫就是以明故宫为蓝本修建的呢！

你知道抗战时期南京发生了哪些大事件吗？

4 悼念南京大屠杀遇难同胞

走进侵华日军南京大屠杀遇难同胞纪念馆，悼念在抗日战争中牺牲的同胞先烈。牢记历史，勿忘国耻！

5 品尝金陵小吃

金陵小吃是南京的名片，想尝一尝的话就到老门东来吧！这里到处都飘着美玲粥、桂花糖芋苗和鸭血粉丝汤的香味。

鸭血粉丝

煮干丝

龙袍蟹黄汤包

盐水鸭

◆ 拓展阅读 ◆

泊秦淮

唐·杜牧

烟笼寒水月笼沙，夜泊秦淮近酒家。
商女不知亡国恨，隔江犹唱后庭花。

诗词美文

秋夜,诗人张继泊舟于苏州城外的枫桥。江南水乡秋夜幽美的景色,吸引着这位怀着乡愁的游子,使他领略到了一种情味隽永的诗意美,于是张继写下了这首意境清远的小诗。

枫桥夜泊

唐·张继

月落乌啼霜满天,江枫渔火对愁眠。
姑苏城外寒山寺,夜半钟声到客船。

【注释】

1. 乌啼(tí):乌鸦啼鸣。
2. 江枫渔火:江边的枫树与渔船上的灯火。

月亮向西而落，不知不觉已经夜色深沉。我泊舟在江边，四周寂静无人，只听得见乌鸦的啼鸣。清冷的月光洒落下来，远远望去，天空像被一层薄薄的秋霜笼罩，隐约传来几分寒意。

秋风吹过，我不禁打了个寒战。江水轻轻拍打着渔船，渔船上的灯火若有若无地闪烁，映照出江边的枫树。红色的枫叶在这朦胧凄清的夜晚也显得暗淡了。我内心的愁绪翻涌而出，对家乡和亲人的思念，仕途艰难的怅然，身处乱世尚无归宿的迷茫，让我辗转反侧，久久难以成眠。

这时远处姑苏城外的寒山寺里传来了钟声，这钟声穿破了寂静的秋夜，低沉喑哑，我的愁绪也仿佛随着钟声久久回荡……

研学攻略

研学目标： 体验苏州古典与现代并存的奇妙格局，感受吴文化的悠久历史。

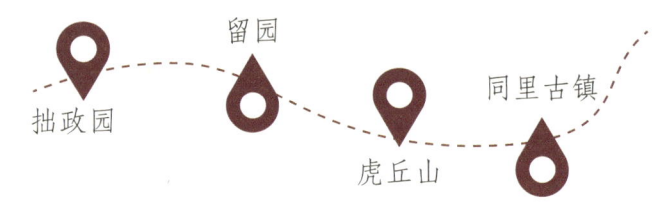

拙政园　　留园　　虎丘山　　同里古镇

 游览拙政园

亭台水榭，回廊曲折，古代工匠精巧构思、技艺高超，打造出世界的瑰宝，让拙政园一步一景，移步异景！

> 在园中找一找"岁寒三友"的身影。

> 留园中有个名为"又一村"的景点，你能说出诗词出处吗？

❷ 穿梭在留园

留园怪石林立，楼宇精致，穿梭在留园，沉醉在美景中，一不小心就"留"连忘返啦！

3 登虎丘山

想一览苏州历史就到虎丘来,著名的斜塔——云岩寺塔傲立于虎丘之上,吴王阖闾的陵寝已在此沉默几千年。

你还听过哪些著名斜塔?

4 逛同里古镇

连河成画,一桥一景,同里古镇有着独特水乡之美。走三桥、打莲湘等独特风俗也让人印象深刻。

5 寻苏州文化,品苏州美食

《游园惊梦》如梦如幻,昆曲的绮丽在婉转悠扬的曲调中得以尽显。酒香四溢的酒酿饼,咬一口就醉了春天。

桃花坞木版年画

昆曲

糖粥

酒酿饼

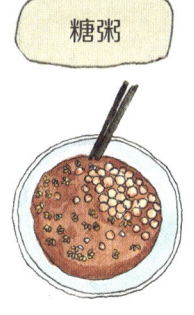

◆ 拓展阅读 ◆

题破山寺后禅院

唐·常建

清晨入古寺,初日照高林。
曲径通幽处,禅房花木深。
山光悦鸟性,潭影空人心。
万籁此都寂,但余钟磬音。

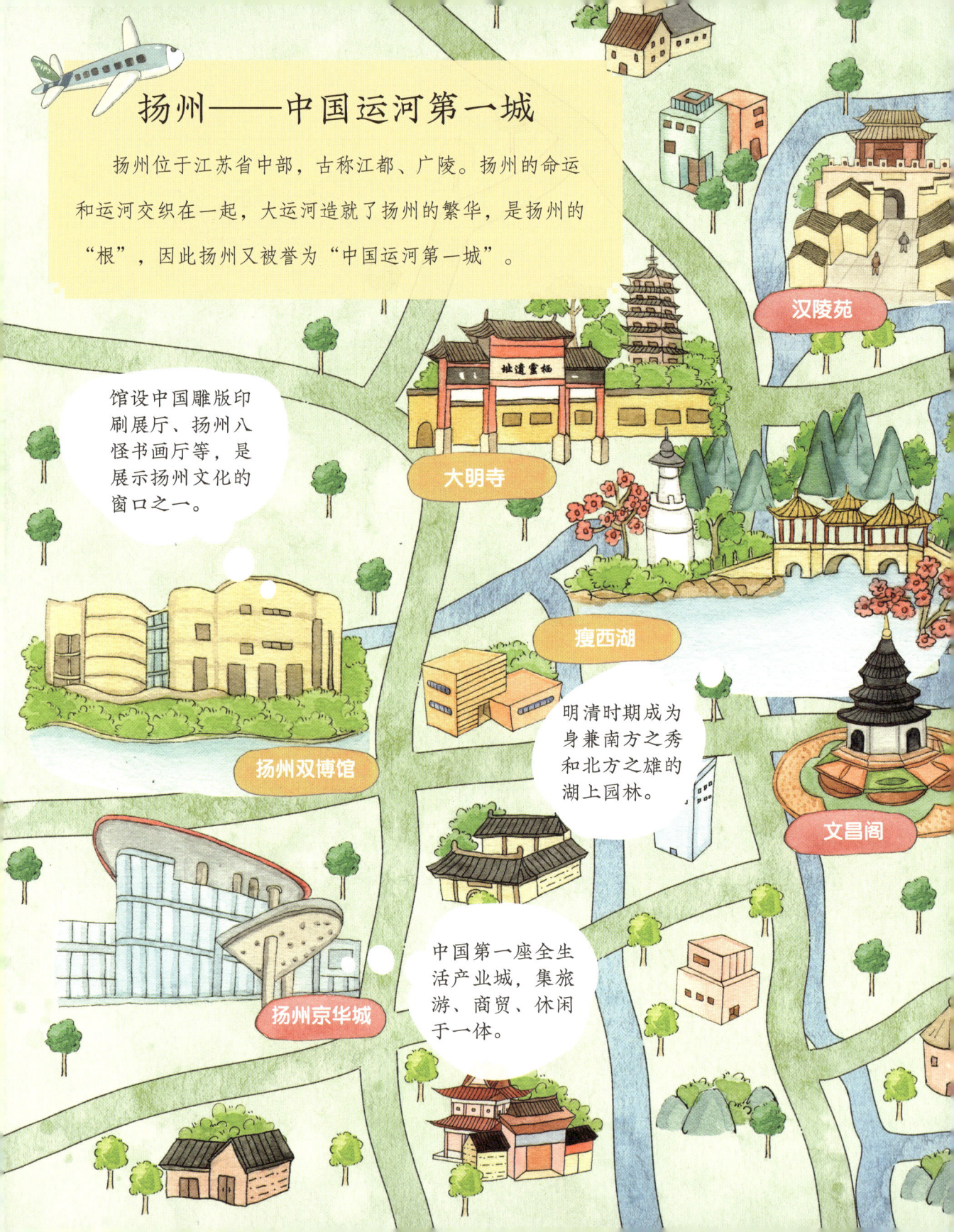

诗词美文

扬州自古有"月亮城"的美称,特别是唐宋以来,歌咏扬州月亮的诗词尤多。唐代诗人杜牧怀念昔日同僚,借深秋的扬州,调侃友人生活的闲逸,表达了对过往生活的深情怀念。

寄扬州韩绰判官

唐·杜牧

青山隐隐水迢迢,秋尽江南草未凋。
二十四桥明月夜,玉人何处教吹箫。

【注释】

1. 迢迢(tiáo tiáo):指江水悠长遥远。
2. 玉人:貌美之人,对韩绰的戏称。
3. 教:使,令。

扬州自古是繁华之地，水乡画舫，亭台舞榭，多少文人雅士停驻于此，多少墨客诗人吟咏于此。我离开扬州，调回长安任职，与你就此分别，但是回忆起热闹的扬州和过往岁月，我仍然依恋。

青山逶迤，清丽俊爽，隐于天际，若有若无，仿佛一位腼腆的闺阁少女，用轻纱半遮住面容。绿水如带，自西向东迢迢不绝。虽然已过深秋，但扬州依旧旖旎秀美，花草葱郁，不见一点凋敝的景象。好一派山清水秀、绰约多姿的江南风景！

二十四桥上神仙般的吹箫美人，身披银辉，洁白光润，如今还在月光照映的夜色里婉转吟唱吗？韩绰呀，韩绰，此时此刻，你这位风流倜傥的才子，又停在何处聆听美人悠扬的箫声呢？

研学攻略

研学目标： 了解大运河和扬州历史发展的关系，感受明清时期的园林艺术。

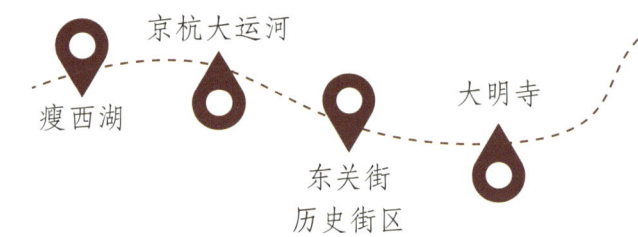

> 诗词飞花令：说出三句带"月"的诗词。

1 到瘦西湖赏月

月亮与扬州密不可分，瘦西湖上的五亭桥更是扬州赏月的最佳去处。楼阁内有历代文人的诗画墨宝。泛舟湖上，还可以体验当年乾隆皇帝逍遥游湖的畅快。

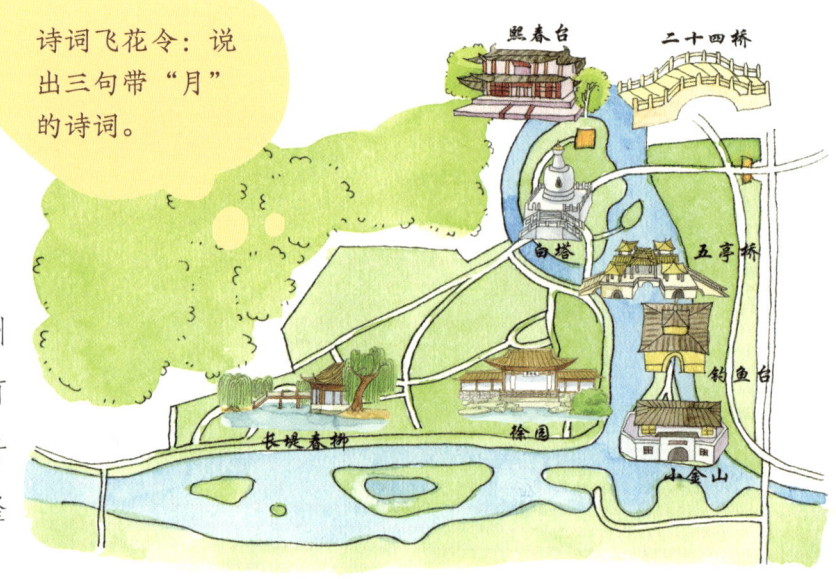

> 京杭大运河连通了哪几条大河？

2 走近京杭大运河

京杭大运河是古时南北交通的命脉，千年来促进着南北方文化和经济交融。如今的大运河风景独特，夜景堪称一绝。

❸ 来东关街逛大院

东关街上有许多青砖灰瓦、沿街密布的盐商大院,以竹子和奇石著称的个园就是其中之一。这里也是"老字号"商家的集中地,前店后坊的各色手工业店遍布全街。

❹ 去大明寺听鉴真的故事

始建于南朝宋时期的大明寺是佛教的重要寺庙,鉴真纪念堂里还陈列着众多史料,记录着鉴真东渡日本传播佛教文化的历史。

去纪念堂听一听鉴真东渡的故事。

❺ 淮扬美食行

扬州是淮扬菜的发源地之一。找一家茶社吃点心,烫干丝配清茶,还有蟹粉狮子头、扬州炒饭等美食等着你!

 蟹粉狮子头　　 扬州炒饭

烫干丝

扬州茶社

◆ 拓展阅读 ◆

泊船瓜洲

宋·王安石

京口瓜洲一水间,钟山只隔数重山。
春风又绿江南岸,明月何时照我还。

诗词美文

北固山是镇江三山名胜之一。北固山横枕大江,石壁嵯峨,山势险固,因此得名。唐代诗人王湾冬末春初经过此地,写下了这首思乡名篇。

次北固山下

唐·王湾

客路青山外, 行舟绿水前。

潮平两岸阔, 风正一帆悬。

海日生残夜, 江春入旧年。

乡书何处达? 归雁洛阳边。

【注释】

1. 次:旅途中暂时停宿,这里指停泊。
2. 潮平:潮水涨满时。
3. 风正:风顺。
4. 残夜:夜将尽未尽之时。

漂泊他乡的游子前方的路还远在青山之外，我旅途的小舟在这碧绿的江水之上暂时停泊。

春来雪融，远处的潮水涨满了江面，崖岸宽阔，和风劲吹，何其壮也！江水中央，一片船帆高高挂起，顺风而行。

残夜还未消尽，一轮红日从海上升起，拂去黑暗，吐露霞光。旧的一年还未过去，江南的春天就已经到来了，把凄冷的冬意瞬间驱走。

看到此景，我写好一封满载浓情的家信，北飞洛阳的归雁们呀，拜托你们，带着家信，做一次信使，让我的亲人也能感受到此时此刻我的万千思念。

研学攻略

研学目标： 欣赏"天下第一江山"的美景，感受镇江的城市文化。

北固山　金山　西津渡古街　茅山

❶ 远眺北固山

北固山处于城北的长江边，地势险要，历来为军事要地，有"京口第一山"之称。

> 说说刘备和孙尚香的故事。

> 给爸爸妈妈讲讲"水漫金山"的故事。

❷ 上金山品泉

传说法海和白素贞曾在金山斗智斗勇。金山上众多遗迹，见证了白娘子和许仙感天动地的爱情。山上的中泠泉水被唐代"茶圣"陆羽评为"天下第一泉"。

❸ 逛茅山

茅山在古时就是著名的道教圣地，到了近代，这座古老的山峰成了抗日的一线。道教文化和抗日遗迹并存，成为茅山的独特风景。

❹ 游览西津渡古街

西津渡古街诞生之初就是码头渡口，因水道偏移最终遗留下一条古街。古老的青石板、青砖民居和山墙饱经沧桑，记录了镇江的风风雨雨。

❺ 镇江美食行

镇江的饮食文化博大精深，前有"长江三鲜"，后有"镇江三怪"，"香醋摆不坏，肴肉不当菜，面锅里煮锅盖"。

镇江三怪是怎么回事？

镇江三怪　锅盖面　肴肉　镇江醋

长江三鲜　刀鱼　河豚　鲥鱼

◆ 拓展阅读 ◆

芙蓉楼送辛渐

唐·王昌龄

寒雨连江夜入吴，平明送客楚山孤。
洛阳亲友如相问，一片冰心在玉壶。

诗词美文

西湖就像一颗镶嵌在杭州的明珠,多少烟雨故事在这里发生,多少吟咏诗篇在这里写就。苏轼曾在杭州任职,面对西湖雨中空蒙的景色,也不由得赋诗赞美。

饮湖上初晴后雨二首(其二)

宋·苏轼

水光潋滟晴方好,山色空蒙雨亦奇。
欲把西湖比西子,淡妆浓抹总相宜。

【注释】

1. 潋滟(liàn yàn):波光闪动的样子。
2. 空蒙:细雨迷蒙的样子。
3. 西子:西施,春秋时越国美女。

初夏的清晨，阳光明媚，空气格外清新，西湖水波荡漾，在阳光的照耀下闪烁着粼粼金光，耀眼动人，好似仙人在湖面铺上一层柔美的金纱。风景秀丽的西子湖畔，自古就是文人墨客吟诗作对之地。

　　这天，我和朋友相约，泛舟湖上，兴致勃勃地欣赏眼前的美景，好不潇洒快意！不曾想突然下起雨来。湖面泛起微波涟漪，雨滴落在荷叶上，惊得小蜻蜓扑闪着翅膀飞走了。在雨幕的笼罩下，西湖的群山秀岭迷迷蒙蒙，若隐若现。

　　古有美女西施，不管浓施粉黛还是轻描蛾眉，总是风姿绰约。如今这西湖美景宛如美女西施，无论是晴时波光闪动还是细雨山色迷蒙，都美妙无比。这次初晴后雨的宴游，真是美不胜收呀！

研学攻略

研学目标： 了解杭州丰富的历史文化，感受杭州"人间天堂"之美。

1 聆听西湖传说

西湖是一个充满浪漫与传奇的地方。走断桥，登雷峰塔，当年白素贞和许仙的动人爱情故事在此上演。小小一个西湖，秀美景色的背后竟有如此多的传说啊！

> 讲一讲白素贞和许仙的故事。

2 荡舟千岛湖

碧水千波，绮丽娟秀，湖似明镜，岛如珍珠，千岛湖被誉为"千岛碧水画中游"。无数个小岛像不像古人随意掷下的一把骰子？

寻访灵隐寺

寺庙是城市悠久历史的见证者，济公的故事、飞来峰的奇景又给这座古寺增添了神秘的色彩。

济公是谁？快到寺庙里打听一下。

4 去宋城观歌舞

大型歌舞《宋城千古情》演绎了良渚古人的艰辛、岳家军的惨烈和白蛇许仙的千古绝唱，把烟雨江南的历史沧桑表现得淋漓尽致。

 杭州美食特产之旅

杭州丝绸闻名天下，西湖龙井更是茶中一绝。穿丝绸衣，品龙井茶，再撑一把绸伞，"临安美人"仿佛重现在眼前。还有西湖醋鱼，接管着世代杭州人的味蕾，让人欲罢不能。

绸伞

西湖醋鱼

西湖龙井

丝绸

◆ **拓展阅读** ◆

忆江南三首（其二）

唐·白居易

江南忆，最忆是杭州。
山寺月中寻桂子，郡亭枕上看潮头。
何日更重游？

诗词美文

绍兴是江南水乡,亦是文化名城,唐朝诗人王维游历江南,寓居绍兴时,写下了这首著名的山水诗——《鸟鸣涧》。

鸟鸣涧

唐·王维

人闲桂花落,夜静春山空。
月出惊山鸟,时鸣春涧中。

【注释】

1. 涧(jiàn):夹在两山间的流水。
2. 人闲:无人事活动相扰。
3. 时鸣:偶尔啼叫。

春天的夜晚，山林显得格外空旷，我独自一人，抛开俗务，远离纷杂，坐在树下的苔石之上，感受着四周难得的静谧无声。风微微拂过我的衣袖，枝头桂花飞身落下，带着清幽隽永的香气，翩翩而来，散落一地，我拾起一瓣，嗅了嗅，丝丝清甜沁人心脾。这样的幽静美好、清闲淡然，也只有在山野中才能感受吧！

　　夜色渐浓，月亮散发出清冷的光辉，映照着整个山林，如雾如烟。那枝头熟睡的鸟儿，莫非也被这皎洁的月光惊醒？它们时而在山涧中发出几声悠扬婉转的啼鸣，更显出山间幽静美妙，让我久久流连，不愿离去。

研学攻略

研学目标： 体验绍兴浓厚的人文氛围，了解历史名人的故事。

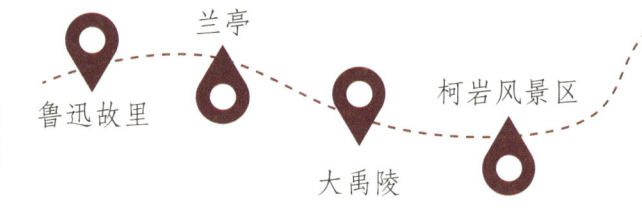

鲁迅故里 — 兰亭 — 大禹陵 — 柯岩风景区

❶ 寻访鲁迅故里

到鲁迅故里寻鲁迅先生用过的书桌、儿时嬉戏的乐园，从百草园走到三味书屋，鲁迅少年时的景色风物仿佛又回到了眼前。

> 找一找鲁迅的书桌上刻了什么字？

> 天下第一行书是什么？

❷ 来兰亭学书法

书圣王羲之曾在这里举办流觞曲水的盛宴，并写下千古名篇《兰亭集序》。游览兰亭，想象古人们沿溪宴饮、作诗的风雅，你也可以和书圣一样醉心于此地。

3 到大禹陵听传说

传说大禹治水三过家门而不入,最终治水成功,划定九州,千古留名。大禹陵里禹祠和古老的禹庙述说着昔日大禹的丰功伟绩。

说说大禹治水的故事。

4 游览柯岩风景区

柯岩景区里云骨和七星岩与大自然完美地融为一体。采石遗景、水乡风情,是人与自然共同塑造的美景。

5 品尝绍兴特色美食

"轻舟八尺,低篷三扇",在乌篷船上听流水潺潺,仿佛走入水墨画卷。呷一口温热的绍兴黄酒,丢几粒茴香豆在口中轻嚼,品的是江南味道。

梅干菜

越剧

乌篷船　茴香豆　黄酒

◆ 拓展阅读 ◆

钗头凤·红酥手

宋·陆游

红酥手,黄縢酒,满城春色宫墙柳。东风恶,欢情薄。一怀愁绪,几年离索。错、错、错。
春如旧,人空瘦,泪痕红浥鲛绡透。桃花落,闲池阁。山盟虽在,锦书难托。莫、莫、莫。

诗词美文

滕王阁位于南昌的赣江边,是江南三大名楼之一。初唐四杰之一的诗人王勃登临滕王阁,极目远望,有着怎样的心情呢?

滕王阁诗

唐·王勃

滕王高阁临江渚,佩玉鸣鸾罢歌舞。

画栋朝飞南浦云,朱帘暮卷西山雨。

闲云潭影日悠悠,物换星移几度秋。

阁中帝子今何在?槛外长江空自流。

【注释】

1.江渚(zhǔ):江中小洲。

2.佩玉鸣鸾(luán):身上佩戴的玉饰、响铃。

3.槛(jiàn):栏杆。

巍峨高耸的滕王阁俯临于赣江江心的沙洲。遥想当年,滕王李元婴任洪州都督,在滕王阁宴请宾客,觥筹交错,繁华热闹,往来贤者,王公名士,络绎不绝。滕王及宾客坐着鸾铃马车,挂着琳琅玉佩,清脆鸣响,早已随着那华丽动人的歌舞消失在时空中。只有那滕王阁孤独桀骜地屹立于此,仿佛还在等待旧人归来。

　　清晨,南浦的轻云,缓缓飞过滕王阁的雕梁画栋,如烟如雾,擦拭着墙壁的浮尘。傍晚,滕王阁万千珠帘卷起西山阴沉的蒙蒙烟雨。闲适自在的云彩悠然倒映在滕王阁下的江水中。物换星移,多少春花秋月已经流逝。

　　如今,滕王阁中的帝王之子,又身在何处呢?时光易逝,人事变迁,只剩那栏杆之外的滔滔江水向远方奔流,永不停息。

研学攻略

研学目标： 感受"物华天宝，人杰地灵"的南昌之美，领悟南昌起义的革命精神。

> 初唐四杰是哪四位？

 登临滕王阁

唐代滕王李元婴依赣江而建滕王阁。缓缓登上滕王阁，赣江的景色逐渐清晰起来，最终显现出"落霞与孤鹜齐飞，秋水共长天一色"的真容。

> 八月一日为什么被定为建军节？

❷ 参观八一起义纪念馆

1927年8月1日，震惊中外的南昌起义播下了革命的种子，在中国近代史上画下了浓墨重彩的一笔。八一起义纪念馆记录了这段红色的历史，每一件陈列的展品都有着重要意义。

3 去新四军军部旧址忆光辉岁月

1938年，新四军军部在南昌正式成立，成为抗击日本帝国主义的重要力量。新四军成立的过程充满艰辛，让我们一起去回顾往事，牢记这一段光辉的民族奋斗史。

4 来八大山人纪念馆品画

明代著名的画家朱耷的画作风格非常独特，令人过目难忘。八大山人纪念馆里陈列着朱耷的画作和生平资料，还有众多当今画坛高手的佳作在此展出，是品画的好去处。

5 南昌文化美食之旅

南昌瓷板画融合多种艺术表现手法，是江西独有的非遗技艺。南昌的小吃也同样独特，街上随处可见的白糖糕小铺，是南昌人甜蜜的儿时记忆。煨煮的瓦罐汤，热气腾腾，满是南昌人的脉脉温情。

瓦罐汤

南昌拌粉

白糖糕

瓷板画

◆ 拓展阅读 ◆

南昌晚眺

唐·韦庄

南昌城郭枕江烟，章水悠悠浪拍天。
芳草绿遮仙尉宅，落霞红衬贾人船。
霏霏阁上千山雨，嘒嘒云中万树蝉。
怪得地多章句客，庾家楼在斗牛边。

诗词美文

九江号称"天下眉目之地",庐山更是"奇秀甲天下"。一生好游名山大川的李白,也被山中飞流直下的瀑布震撼了,写下了这首雄奇瑰丽的诗。

望庐山瀑布二首(其二)

唐·李白

日照香炉生紫烟,遥看瀑布挂前川。

飞流直下三千尺,疑是银河落九天。

【注释】

1. 香炉:指庐山香炉峰。
2. 前川:山前的河流,这里指瀑布。
3. 三千尺:形容山高,夸张说法。
4. 九天:古人认为天有九重,九天为最高。极言瀑布落差大。

早就听说庐山瀑布气势不凡，别有风采。这次，我登上庐山，有幸观赏那山中瀑布。行至庐山脚下，还未见到瀑布，却已听到那瀑布击石的跌宕之声，云雾萦绕着庐山，如入仙境。来到半山腰，若隐若现的瀑布也越来越清晰了。

　　正午，骄阳似火，照射在香炉峰上，谷里仿佛升腾起紫色的烟雾，给庐山瀑布披上一层纱衣，似有似无，恍若仙境。从岩石上望着对面的瀑布，又如一匹精致的雪白锦缎从天而降，悬挂于山崖之上。

　　我抬头仰望，那飞溅的流水从巍峨高山上奔腾而下，仿佛九天之上的银河倾泻到我的面前一样。啊！这美景胜似桃源仙境，我陶醉其中，不知不觉忘记了所有。

研学攻略

研学目标：感受九江名山秀水之美，领悟思辨的魅力。

1 登庐山望瀑布

"不识庐山真面目，只缘身在此山中"，庐山奇秀尽在于此。慢慢步行登上庐山，踏过弯曲的步道，穿梭温润的云海，寻找三叠泉、五老峰等奇绝美景，庐山的真面目，才逐渐显现出来。

> 诗词飞花令：说出五句带"山"的诗词。

> 朱熹总结出六条读书方法，你知道是什么吗？

2 参观白鹿洞书院

白鹿洞书院始建于南唐，屡经兴衰。宋代理学家朱熹重建书院并在此讲学，有许多意义非凡的学界辩论在此发生，思辨之风由此传遍全国。一踏进书院，昔日精彩的思想碰撞仿佛就发生在眼前。

3 到浔阳楼听水浒故事

《水浒传》里宋江浔阳楼题反诗、李逵劫法场等故事在九江上演。如今浔阳楼还保留有古时的酒馆模样，登上顶楼，脚下便是滚滚长江水，非常适合极目远眺。

4 游览石钟山

苏轼一篇《石钟山记》千古流传，将石钟山带进了大家的视野。山上景观布局紧凑，几乎是一步一景。而从鄱阳湖上远看石钟山更是别具一番风味。

5 九江文化美食之旅

每到传统节日，就是全丰花灯登场之时，锣鼓喧天，好不热闹。同样受到喜爱的还有九江采茶戏，看完茶戏吃茶饼，再"打卡"一道庐山石鸡，令人难忘。

全丰花灯

九江采茶戏

庐山石鸡　九江茶饼

◆ 拓展阅读 ◆

题西林壁

宋·苏轼

横看成岭侧成峰，远近高低各不同。
不识庐山真面目，只缘身在此山中。

诗词美文

上饶名山胜迹众多，历代文人墨客留下的诗词歌咏数不胜数。宋代词人辛弃疾贬官闲居江西上饶时，创作了许多吟咏田园风光的词。让我们一起来读一读吧！

西江月·夜行黄沙道中

宋·辛弃疾

明月别枝惊鹊，清风半夜鸣蝉。稻花香里说丰年，听取蛙声一片。

七八个星天外，两三点雨山前。旧时茅店社林边，路转溪桥忽见。

【注释】

1. 茅店：茅草盖的乡村客店。
2. 社林：土地庙附近的树林。
3. 见：同"现"。

夜幕降临，我来到黄沙岭欣赏夏夜的美景。只见深蓝的夜空中，一轮金黄的明月缓缓升起。皎洁的月光轻洒，惊动了喜鹊，飞离树枝。清风温柔地抚摸着大地。夜静极了，只听见蝉在林间鸣叫，清脆动听。

空气中隐隐散发着稻花的香气，昭示着今年的丰收，田地里的青蛙也不甘示弱，呱呱叫着，应和着人们喜悦的心情。

我抬头仰望，几颗星星出现在了夜空中，忽明忽暗，闪闪烁烁。山前下起了淅淅沥沥的小雨。

山路忽然一转，土地庙旁的树林里熟悉的小桥、溪流映入眼帘。咦？那不是我从前游玩经过的乡村客店吗？看来它是在这里等着我呀！

研学攻略

研学目标： 发现"江南桃花源"之美，学习革命先烈的斗争精神。

1 到三清山观奇石

找一找书中的石头女神"阿诗玛"。

三清山有着众多的奇石，宁静祥和的"东方女神"和屹立不倒的"巨蟒出山"都是大自然神奇的馈赠。山上的三清宫堪称古道教建筑的"露天博物馆"，每年五月杜鹃花开时更是美不胜收。

你知道"晒秋"是怎么晒的吗？

2 赏婺源之美

婺源四季之景不同，春看油菜花海，喝春茶；秋赏漫山红叶，看当地"晒秋"。到处都是徽派古建筑，建筑与自然的融合诠释到了极致。

3 上龟峰看丹霞地貌

龟峰因为有许多酷似乌龟的风化石头而得名，丹霞地貌在这里茁壮发育，山上还有一线天和南天一柱等奇景。

4 参观上饶集中营

上饶集中营是1941年皖南事变后，国民党特务组织囚禁叶挺等新四军将士的法西斯集中营，后来成为红色旅游基地。纪念馆里通过声、光、图、物等形式，生动地再现集中营革命烈士英勇斗争的光辉事迹。

5 上饶文化美食之旅

清明果、荷包红鲤鱼和铅山烫粉都是上饶不可错过的美食。喝一口清香的婺源春茶，再带一方歙砚回家。

清明果

歙砚

荷包红鲤鱼

樟村板灯

◆ 拓展阅读 ◆

清平乐·村居

宋·辛弃疾

茅檐低小，溪上青青草。醉里吴音相媚好，白发谁家翁媪？
大儿锄豆溪东，中儿正织鸡笼。最喜小儿亡赖，溪头卧剥莲蓬。

展示宣纸制作过程及其成品的地方，有文房四宝体验园和众多书画家工作室。

宣纸文化园

皖南事变烈士陵园

因李白《赠汪伦》一诗而名扬天下，有踏歌岸阁、谪仙楼和彩虹岗等景点。

王稼祥故居

桃花潭

宣城——文房四宝之乡

宣城是中国著名的文房四宝之乡，出产宣纸、宣笔、宣墨和宣砚。其中宣纸成了国家地理标志产品，家喻户晓。古代许多文人墨客在此寓居，并留下了大量诗词作品，城市文脉源远流长……

诗词美文

经历长期漂泊的李白,路过宣城,写下《独坐敬亭山》。他赋予山水景物以生命,写的是自己旷世的孤独和长久的怀才不遇,诗中的凄凉感呼之欲出。

独坐敬亭山

唐·李白

众鸟高飞尽,孤云独去闲。
相看两不厌,只有敬亭山。

【注释】

1. 敬亭山:位于安徽省宣城市。
2. 闲:形容云彩飘来飘去的样子。
3. 厌:满足。

我独自一人,背着一壶酒,寂寥无依地来到敬亭山上,傍晚凉风习习,沿着山脚的石阶拾级而上,鲜见人影,喧嚣遁尽。登上敬亭山山顶眺望,天地之间,一片空寂,只剩下兀然独坐的我。

　　慢慢地,天色暗了下来,太阳也下山了。飞鸟已向远方高高飞去,留下落寞的背影。寂寥的长空还有一片白云,却也不愿停留,渐渐地,也像鸟一样飘然而去了。此情此景,让我孤独寂寞的思绪更增添了一丝哀愁。众鸟和孤云都离开了敬亭山,只有我久久地坐在这里,欣赏这静谧的幽景,而敬亭山亦在含情脉脉地看着我。

　　恐怕这天地之间,能理解我此时寂寞心境的,也只有敬亭山了。

研学攻略

研学目标： 感受宣城民俗和宣纸文化，体验自然和人文合一的妙趣。

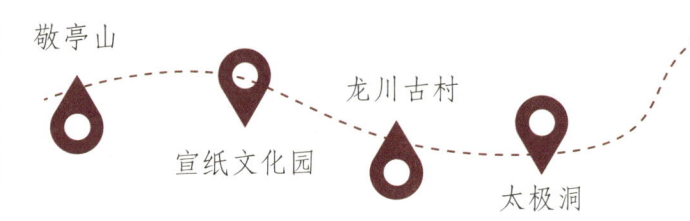

敬亭山 — 宣纸文化园 — 龙川古村 — 太极洞

❶ 上敬亭山寻诗仙

敬亭山是一座充满人文底蕴的山峰，李白、谢朓等文人曾为之写下诗篇，其中最有名的当属"相看两不厌，只有敬亭山"。到敬亭山，追寻诗仙的足迹，沿途还有大片的竹海和茶园等你驻足。

> 回想一下，你还读过哪些和敬亭山有关的诗词？

> 快想想要用文房四宝创作什么内容吧。

❷ 看宣纸制作工艺

一张宣纸的诞生，历经100余道工序。宣纸经久不摧、光洁温润，有"千年寿纸"的称号，成为创作中国书画艺术的首选纸。到宣纸文化园，看看宣纸是怎么制作的吧。

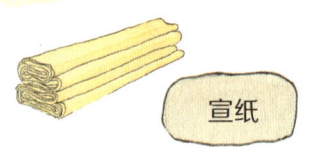

宣纸

宣笔

3 游览龙川古村

龙川古村是典型的徽派村落，到处都是粉墙黛瓦和马头墙。村子的历史可以追溯到东晋，村里的胡氏家族人才辈出。如今的龙川古村还保留着原始的风貌，小桥流水，河畔浣衣。

4 到太极洞看钟乳石

太极洞内钟乳石风姿各异，一洞二分，水旱兼具，还有奇景"洞中黄山"。明代文学家冯梦龙将其列为"天下四绝"之一。

> 钟乳石是怎么形成的？

5 宣城文化美食之旅

一块白布、一张兽皮、一束灯光、两根竹竿，再加上一双巧手，就能跟随宣城皮影戏走入时光隧道。看皮影，尝木瓜。"木瓜处处有之，而宣城者为佳"，宣木瓜在南北朝时被定为"贡品"，如今成为农产品地理标志。

宣城皮影戏

宣木瓜

◆ 拓展阅读 ◆

宣州谢朓楼饯别校书叔云

唐·李白

弃我去者，昨日之日不可留；
乱我心者，今日之日多烦忧。
长风万里送秋雁，对此可以酣高楼。
蓬莱文章建安骨，中间小谢又清发。
俱怀逸兴壮思飞，欲上青天览明月。
抽刀断水水更流，举杯消愁愁更愁。
人生在世不称意，明朝散发弄扁舟。

诗词美文

池州素有"千载诗人地"之誉。历代名人李白、杜牧等都曾驻足池州。其中杜牧诗作《清明》写清明春雨中所见,色彩清淡,心境凄冷,历来广为传诵。

清明

唐·杜牧

清明时节雨纷纷,路上行人欲断魂。
借问酒家何处有?牧童遥指杏花村。

【注释】
1. 欲断魂:形容伤感极深。
2. 借问:请问。

又是一年清明时节，小雨纷纷扬扬，轻如牛毛，细如丝线，从天空飘落下来。那雨轻轻敲开了含苞待放的花蕊，悄悄点绿了沉睡一个冬季的枝丫，静静沾湿了人们刚刚换上的薄衣。

路上的行人三三两两，扛着扫把，带着祭品，去扫祖墓，想起去世的亲人，不禁潸然泪下。我一边走，一边想寻一家小酒店，解解身上的春寒，散散心头的愁绪。

忽然，远处传来一阵清脆悠扬的笛声。只见迎面走来一头黄牛，黄牛背上坐着一个大约十一二岁的牧童。我前去询问酒家在何处，牧童拿着笛子往身后的方向指了指。远处，一个村子在雨雾中若隐若现，道路两旁开满了杏花，酒幌随风飘舞。看来，那就是杏花村了吧！

研学攻略

研学目标： 感受江南自然与人文风情，体验池州佛教和戏曲文化。

> 爬上九华山，认真观察一下，山脚的树跟山顶的树有什么不一样？

❶ 登九华山

九华山之奇不仅在于状如莲花的外形和巍峨的山体，还在于它传奇的故事。传说唐朝时新罗国王子金乔觉在此修行，圆寂后应化为地藏菩萨，九华山也因此成为地藏菩萨道场。

> 牯牛降的树你都认识哪些？

❷ 游览牯牛降

牯牛降人迹罕至，群峰披绿，万木争荣。一路走来，能认识不少珍奇生物，有全国重点保护树木香果树、天女花和鹅掌楸等，还有野生的梅花鹿。

3 到杏花村看杏花

昔日杜牧笔下的杏花村有百亩杏林，在江南的烟雨之中宁静而美丽。如今的杏花村不仅有名酒出产，还有白浦荷风等美景。到杏花村去游玩，说不定你也能遇见一个牛背上的牧童哦。

4 来九华天池看飞瀑

九华天池不仅有峡谷溪流，还有飞瀑和冰川遗迹，仿佛天上的仙境跌落凡间。

5 寻访池州民俗

每年正月，以"驱灾逐疫、祈求丰收、平安吉祥"为内容的傩戏就会上演。还有"京剧鼻祖"青阳腔，与徽州腔一同被誉为"徽池雅调"。

东至花灯

地藏黄精饼

山珍葫芦鸭　九华黄精

◆ 拓展阅读 ◆

秋浦歌十七首（其十四）

唐·李白

炉火照天地，红星乱紫烟。
赧郎明月夜，歌曲动寒川。

诗词美文

芜湖自古享有"江东名邑"之美誉,城内山水相映,又有"半城山半城水"之称。李白初出巴蜀,乘船赴江东途中经过芜湖的天门山,便作下了这首诗。

望天门山

唐·李白

天门中断楚江开,碧水东流至此回。
两岸青山相对出,孤帆一片日边来。

【注释】

1. 天门山:位于安徽省芜湖市北郊。
2. 中断:江水从中间隔断两山。
3. 开:劈开,断开。

我泛着一叶扁舟，一路来到了天门山，不知不觉沉醉在眼前的美景之中。两座矗立在水中的大山隔着滚滚奔流的江水遥遥相望，高而雄伟的山峰像两个守护神一样，守护着楚江。

　　这巨大的山体，仿佛承受不了多年江水的冲刷，硬是被江水劈开了一条巨大的裂缝。由于两山夹峙，那浩荡东流的楚江流经两山间的狭窄通道时，激荡回旋，冲出滔天的浪花，真是气势壮阔，令人望而生畏呀！

　　行舟江上，顺流而下。两岸的青山相对着不断扑进眼帘，漫山的树木郁郁葱葱，风景异常秀丽，山青树茂，我乘坐的一叶孤舟，就像从天边披着阳光而来。

研学攻略

研学目标： 体验芜湖的商业文化，感受山水古镇的自然与人文之美。

1 登天门山观长江

天门山有着独特的滨江山水之势，吸引着历代的文人墨客。山体夹江而立，改变了汹涌大江的流向，登高可俯瞰远眺，感受江与山融合的壮观景象。

快拿出地图找一找鸠兹古镇的会馆分布吧！

2 到鸠兹古镇寻会馆

鸠兹古镇有粉墙黛瓦的传统徽派建筑，书院会馆林立，徽州会馆、湖南会馆等地方会馆充满商会特色，吴明熙大宅、张宅等展现了名人故居文化。

3 来赭山公园听干将的故事

赭山公园由大小赭山构成,相传干将在此练剑,将山石烧成了红色,所以得名"赭山"。当地老人还在山上唱戏喝茶,十分悠闲。

你知道干将的故事吗?

王稼祥

4 去烈士陵园缅怀烈士

无为县烈士陵园记录着芜湖的重大事件,宏伟的纪念碑上"死难烈士万岁"六个大字发人深思。

5 欣赏芜湖鱼灯

相传北宋年间,包拯到陈州放粮回朝后,曾普召全国各地向朝廷进贡花灯。当时无为人敬献的鱼灯得到朝廷赞扬。此后,每年正月,祈福的无为鱼灯舞蹈都会上演。

芜湖铁画

虾籽面

芥菜圆子

无为鱼灯

◆ 拓展阅读 ◆

姑孰十咏·天门山

唐·李白

迥出江山上,双峰自相对。
岸映松色寒,石分浪花碎。
参差远天际,缥缈晴霞外。
落日舟去遥,回首沉青霭。

黄山——迎客奇山，厚重徽州

黄山市位于安徽省最南部，古称徽州。黄山市是著名的徽商故里。境内黄山雄壮秀美，云海和迎客松等奇观享誉海内外。历史悠久的徽菜是八大菜系之一，也是黄山市的一张名片。

诗词美文

黄山市境内的黄山是世界文化与自然双重遗产,李白夜泊黄山,观奇松、怪石、云海,听吴地歌声,又抒发了什么诗情呢?

夜泊黄山闻殷十四吴吟

唐·李白

昨夜谁为吴会吟,风生万壑振空林。
龙惊不敢水中卧,猿啸时闻岩下音。
我宿黄山碧溪月,听之却罢松间琴。
朝来果是沧洲逸,酤酒醍盘饭霜栗。
半酣更发江海声,客愁顿向杯中失。

【注释】

1. 吴会:这里指吴地。
2. 万壑(hè):形容峰峦、山谷极多。
3. 岩下音:只沿着山壁传过来的歌声。
4. 酤(gū)酒:买酒。

清晨的鸟鸣将我唤醒。窗外是茂密的树林和清澈的溪水。忽然回想起昨夜,不知是谁在这深山里吟唱吴地的歌曲,那声音就像从万壑中生出的风,振响了空寂的树林。蛟龙在歌声中惊起而坐,再也不敢卧在水里;山里的猿猴也不时停下啸声,安静地倾听。

我途经黄山,借宿在明月普照的碧溪旁。本来在松林间抚琴的我,听了这歌曲,也沉醉地忘了手下的动作。

太阳逐渐升起,山里走来一人。我细细询问,才知他就是昨夜那位唱歌的隐士,来自沧州。我连忙买来好酒,以盘作皿,以霜栗当下酒菜。我们把酒言欢,微醺之际他又唱出那令人难以忘怀的歌曲,歌声犹如江涛海浪般洪亮清澈,我的愁绪在觥筹交错间消失殆尽。

研学攻略

研学目标： 欣赏黄山的自然与人文美景，感受徽文化的博大精深。

1. 登黄山看日出

黄山由前山、后山和西海大峡谷组成，奇松、怪石、云海和温泉被称为"黄山四绝"，冬季的雾凇、雪景和日出也不容错过。

> 黄山天气多变，看日出要准备好充足的装备哦。

> 徽派建筑有什么特点呢？

2. 来西递村和宏村赏徽式建筑

宏村被称为"中国画里乡村"，精美的水利系统带来了别致的水景，南湖和月沼都非常美丽。西递村则有着精美的徽派建筑，"徽派三雕"——砖雕、石雕和木雕精细无比，和房子完美地融为一体。

3 参观徽州古城

徽州古城是中国三大地方学派之一的徽学发祥地,被誉为"东南邹鲁、礼仪之邦"。古城的许国石坊是古城的精华和中心所在。

4 到新安江看山水画廊

新安江山水画廊以自然风光与徽派古村落的结合著称,一年四季,景色各异。白墙青瓦堆砌而成的徽派建筑矗立在新安江畔,如同一幅流动的山水画卷。

5 黄山民俗之旅

艺人在几米高的空中表演抬阁,真是大胆!徽州目连戏更是惊险刺激,台上耍牙、登坛、跳圈和翻跟头等特技轮番上演。嚯,都是真功夫!

徽州目连戏

臭鳜鱼

抬阁

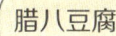
腊八豆腐

◆ 拓展阅读 ◆

宿虾湖

唐·李白

鸡鸣发黄山,暝投虾湖宿。
白雨映寒山,森森似银竹。
提携采铅客,结荷水边沐。
半夜四天开,星河烂人目。
明晨大楼去,冈陇多屈伏。
当与持斧翁,前溪伐云木。

诗词美文

安泰河流经福州,河两岸坊巷交错,酒市笙歌。利涉门是福州罗城南大门,是商贸最繁华的地段。曾巩的这首《夜出过利涉门》就反映了宋代福州街市繁华、夜生活热闹的风貌。

夜出过利涉门

宋·曾巩

红纱笼烛照斜桥,复观翚飞入斗杓。

人在画船犹未睡,满堤明月一溪潮。

【注释】

1. 红纱笼烛:罩着红纱布的灯笼。
2. 翚(huī)飞:形容建筑高峻壮丽。
3. 斗杓(sháo):北斗七星的"柄",房屋的飞檐翘起,刚好挂入北斗柄。

在这月光如水的晚上,我来到古韵飘香的利涉门,欣赏着安泰河袅娜迷人的夜景。

一条条小船在水面上漂荡,与光影、树荫和碧清的河水组成了美丽的画面。放眼望去,一排罩着红纱布的灯笼点缀着安泰桥,与两岸的繁花绿柳相互应和。清清河水中,岩石清晰可见,座座古桥弓着背,看着成群结队的鱼儿快活地嬉戏。抬头远眺,阁楼的飞檐翘起,刚好挂入北斗柄。

安泰河畔,清风徐徐,两岸游客来往,酒市歌楼好不热闹。我倚坐在精致的画船之中,看见堤岸上、画船上都洒满了月光,溪水像潮水一样荡漾,不知不觉陶醉其中,久久无法入睡。

研学攻略

研学目标： 感受福州的滨海气息，领略海洋文化的魅力。

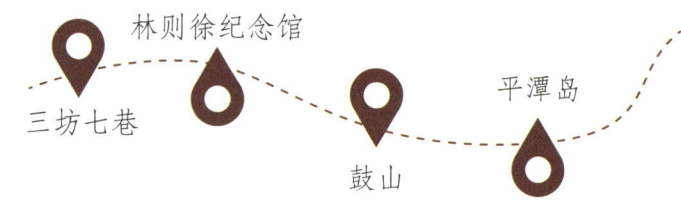

❶ 逛三坊七巷

三坊七巷始建于晋，地处福州市中心，大部分古建筑依然保存完好，有冰心、严复和林觉民等众多名人故居，是福州历史的见证者。

你知道福州为什么又叫"榕城"吗？

❷ 参观林则徐纪念馆

林则徐纪念馆自清朝光绪年间就已经建立，古典的园林式建筑里陈列着展现林则徐生平事迹的史料。作为中国"开眼看世界第一人"的民族英雄，林则徐的事迹将在这里永远流传。

你知道虎门销烟的故事吗？

林则徐

③ 登鼓山望大海

位于闽江北岸的鼓山山顶有一块石鼓,在风雨交加的时候就会发出震荡的鼓声,因而得名鼓山。石阶古道蜿蜒上升到山顶,沿途有著名的涌泉寺和摩崖十八景。

④ 来平潭岛享受海滨风光

平潭岛亦称海坛岛。岛上沙滩连绵,海水清澈,海风轻柔,还有充满特色的石头厝和海滨浴场,海洋的风光美景尽收眼底。

⑤ 品尝福州美食

闽南菜系家喻户晓,既有让米其林厨师都自愧不如的佛跳墙,细腻爽滑的七星鱼丸,也有家常小菜——没有荔枝的荔枝肉,色泽金黄,形似荔枝,让人看一眼就饿了!

福州软木画

七星鱼丸

闽剧

佛跳墙

◆ 拓展阅读 ◆

游西湖
宋·朱熹

越王城下水溶溶,此乐从今与众同。
满眼菱荷方永日,转头禾黍便西风。
湖光尽处天容阔,潮信来时海气通。
酬唱不夸风物好,一心忧国愿年丰。

诗词美文

台北历史悠久,遗迹众多,风景宜人。清朝时期诗人陈筱亭就曾在拜访友人陈维英时,写出赞诵诗篇,向往友人家中优美的田园风光。

过太古巢呈迂谷先生

清·陈筱亭

春来一路素馨斜,云树中开处士家。
拓圃近山蔬带露,束篱为架豆争花。
春江水满凫频浴,僻地人稀犬不哗。
最羡先生无俗事,苦吟薄醉是生涯。

【注释】
1. 太古巢:位于台北市,旧址为陈维英别墅,陈维英号迂谷。
2. 拓圃(pǔ):开拓的菜园。
3. 束篱(lí):支起篱笆。
4. 凫(fú):野鸭。

我曾与太古巢主人陈维英结为好友,机缘巧合去拜访他。那时春意正浓,庭院中高雅亮洁的素馨花时时散发出清冽的香气,高耸入云的参天大树也矗立于庭院之中,仿佛在向这位德才兼备的主人致以敬意。迂古先生的院落依傍着寒山,菜园子里的生鲜蔬菜也蒙上一层晶莹剔透的露水,更显得青翠欲滴,爽口诱人。瞧!篱笆旁的藤架上,菜豆也争相开放出娇嫩的花朵。

不远处的江中,春水涨起,凫水的野鸭子在水面上你追我赶,欢快地嬉戏玩耍。江水浸湿了它们的羽翼,在阳光的照射下,散发出耀眼的光泽。这地方虽风景宜人,却人迹罕至,连院里的狗也没有吠叫,安静地享受着春的暖意和静谧。迂古先生呀,你没有俗事的打扰,能够浅酌几杯小酒,专心推敲诗文,这种诗意的生活真是令我好生羡慕呀!

研学攻略

研学目标： 体验台北的现代风情，了解台湾的历史。

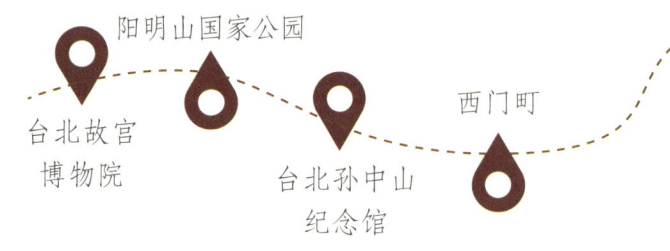

> 选一件台北故宫博物院的文物，了解一下它的历史吧。

❶ 到台北故宫博物院看文物

台北故宫博物院是传统的宫殿式建筑，馆内集文物之大成。上万件精美文物陈列其中，故有"北京故宫看建筑，台北故宫看文物"的说法。馆藏翠玉白菜、毛公鼎、清代橄榄核舟等镇馆之宝。

 毛公鼎　 翠玉白菜　 核舟

> 台湾为什么多火山、地震？

❷ 到阳明山国家公园泡温泉

阳明山是典型的火山地貌，四季鲜明，是台北人的"后花园"。春季有满山杜鹃和樱花，夏季有萤火虫飞舞，秋季满山红叶煞是好看，冬季则细雨寒露，烟雾缭绕。

❸ 参观台北孙中山纪念馆

馆内陈列着展现孙中山先生领导辛亥革命的各种史料和文物，还有孙中山先生的铜像。高三层的建筑功能多样，既是名人纪念馆，也是市民欣赏文化演出、户外休闲的场所。

❹ 来西门町逛夜市

西门町是台北国际化程度最高的商圈，见证了台北经济腾飞的历史。各种各样的文化在这里碰撞交融，夜晚还有歌手献唱的"红包场"，是感受台北繁华和放松身心的好地方。

❺ 台北文化美食之旅

每年春节，造型炫酷的布袋戏表演一定是台湾庙会的"人气之星"。边看表演边尝美食：有外酥里嫩的盐酥鸡、软糯的芋圆，还有当地称"偶阿坚"的蚵仔煎。

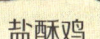
盐酥鸡

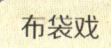
布袋戏

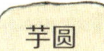
芋圆

蚵仔煎

◆ 拓展阅读 ◆

题太古巢

清 · 陈维英

山中甲子不知年，梦入华胥一枕边。
壤土原无盘古墓，枯枝独辟有巢天。
两仪石上搜遗迹，八卦潭前隐散仙。
自笑草庐开混沌，结绳坐对屋三椽。

三亚——天涯海角，热带天堂

三亚位于海南岛最南端，古称崖州，别名鹿城。地处热带的三亚有着清澈的海水、绵白的优质沙滩和四季皆宜的气候，就像一颗镶嵌在南海之滨的宝石，有"东方夏威夷"的美称。

诗词美文

"水南暮雨"是崖州旧八景之一,被众多诗人写进诗里。清朝诗人郑懋昌的《水南暮雨》就描写了三亚市水南村的暮雨景象。

水南暮雨

清·郑懋昌

水浒村南隐暮鸦,近溪茅屋傍渔家。
夜来雨过疏藤响,滴落槟榔半树花。

【注释】

1. 傍:围绕。
2. 疏藤:稀疏的篱笆。

水南村沿岸竹树掩映，槟榔椰子窈窕而立，一间间茅屋，疏疏落落地散布在宁远河边。

傍晚，下起了淅淅沥沥的小雨，我走在路上，只见几只乌鸦沾湿了翅膀，躲在屋檐下，仿佛也在静静聆听雨打窗棂发出的清脆响声。不远处，浮烟缭绕中，有三五座茅草屋挨着潺潺的宁远河，围绕着捕鱼人家。

雨停了，城南村庄稀疏的篱笆笼罩着浓雾，蔓藤也发出沙沙的声响。勤劳朴实的水南村民，在房前屋后种上了槟榔，热情地邀请大家来品尝。水南村这片美丽富庶、祥和静好的村落真是风景独特，格外迷人呀！

研学攻略

研学目标： 感受热带海洋的美丽风情，了解三亚的历史。

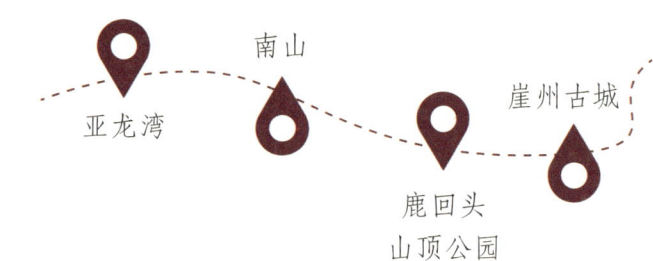

1 来亚龙湾享受日光浴

亚龙湾海水蔚蓝清澈，沙滩洁白如玉，开发与保护并行，生态环境良好，是不可多得的优良海湾。海湾内度假村云集，让你尽情享受热带风光。

> 出发前列一个到海边游玩的装备清单吧！

> 热带是以什么标准划分的？

2 登南山

南山不仅有优美的自然海景，还遍布着气势恢宏的佛教建筑和佛像。高达108米的海上观音气势磅礴，蔚为壮观。

3 到鹿回头山顶公园俯瞰三亚

在海南黎族同胞的眼里，鹿回头是一座神圣的"情山"。山顶公园建成于二十世纪八十年代，站在山顶可以俯瞰三亚全景，晴朗的日子里还可以看海上日升日落。

4 参观崖州古城

宋代以来历代崖州郡治都在这里，崖城学宫是古代崖州的最高学府，也是中国最南端的孔庙。城内有将纺织技术带到中原的黄道婆的塑像。

5 三亚文化美食之旅

三亚有奇特的海中生物海南珊瑚，也有特色美食：红烧海参鲜香四溢，椰子饭香糯诱人，红糖年糕好吃到停不下来……

海南珊瑚

红烧海参

椰子饭

红糖年糕

◆ 拓展阅读 ◆

镜湖秋月

清·钟元棣

一色湖光槛外铺，秋来好景未容辜。
瘴烟洗净开冰鉴，天水平分彻玉壶。
逸韵时闻吹笛管，闲情常觉付蒲菰。
崖西自有乘风子，不把扁舟系浅芦。

更多城市等你探索

◆ 合肥 ◆

秋山宜落日，秀水出寒烟

立春日道中短述

明·王阳明

腊意中宵尽，春容傍晚生。
野塘水轻绿，江寺雪初晴。
农事沾泥犊，羁怀出谷莺。
故山梅正发，难寄欲归情。

◆ 厦门 ◆

鹭岛侨乡

日光岩题壁

近代·蔡元培

叱咤天风镇海涛，
指挥若定阵云高。
虫沙猿鹤有时尽，
正气觥觥不可淘。

◆ 上海 ◆

滚滚长江东入海

丹凤楼

元·杨维桢

十二危楼百尺梯，飞飞丹凤五云齐。
天垂翠盖东皇近，地拂银河北斗低。
花靥秋空戎马顺，神灯夜烛海鸡啼。
仙童与报麻姑会，应说蓬莱水又西。

◆ 宁波 ◆

巍巍天一阁，藏书此一家

游东钱湖

宋·史浩

行李萧萧一担秋，浪头始得见渔舟。
晓烟笼树鸦还集，碧水连天鸥自浮。
十字港通霞屿寺，二灵山对月波楼。
于今幸遂归湖愿，长忆当年贺监游。

◆ 嘉兴 ◆

花落莺啼满城绿

送唐子华赴嘉兴照磨

元·傅若金

闻君秋思满南湖，行李今晨发帝都。
幕府初乘从事马，江城还忆步兵鲈。
树浮白日山侵越，潮蹴青天海入吴。
闲暇凭高动诗兴，须成一醉扫新图。

◆ 武夷山 ◆

一溪贯群山，清浅萦九曲

武夷山中

宋·谢枋得

十年无梦得还家，
独立青峰野水涯。
天地寂寥山雨歇，
几生修得到梅花。

图书在版编目（CIP）数据

跟着诗词去旅行. 江南烟雨 / 白鳍豚文化著. -- 北京：中国致公出版社，2019（2024.7 重印）
ISBN 978-7-5145-1401-8

Ⅰ.①跟… Ⅱ.①白… Ⅲ.①古典诗歌 – 诗歌欣赏 – 中国—少儿读物②地理—中国—少儿读物 Ⅳ.
① I207.2-49 ② K92-49

中国版本图书馆 CIP 数据核字（2019）第 135604 号

本书由白鳍豚文化委托知音传媒股份有限公司知音动漫有限公司正式授权中国致公出版社，在中国大陆地区独家出版中文简体版本。未经书面同意，不得以任何形式转载和使用。

跟着诗词去旅行. 江南烟雨 / 白鳍豚文化著

出　　版	中国致公出版社
	（北京市朝阳区八里庄西里 100 号住邦 2000 大厦 1 号楼西区 21 层）
出　　品	知音动漫图书
	（武汉市东湖路 179 号）
发　　行	中国致公出版社（010-85869872）
作品企划	知音动漫图书·童心坊
项目策划	李　潇　周寅庆
责任编辑	周寅庆　李　爽
装帧设计	郑雨薇　秦天明
插图绘制	白鳍豚文化　胡　龙　胡思琪
印　　刷	武汉精一佳印刷有限公司
版　　次	2019 年 8 月第 1 版
印　　次	2024 年 7 月第 4 次印刷
开　　本	787mm×1000mm 1/16
印　　张	6.5
字　　数	74 千字
书　　号	ISBN 978-7-5145-1401-8
定　　价	36.00 元

版权所有，盗版必究（举报电话：027-68890818）
（如发现印装质量问题，请寄本公司调换，电话：027-68890818）